Animals
Animales

The Cow

La vaca

The Dog

El perro

The Hen

La gallina

The Butterfly

LA mariposa

The Sheep

La oveja

The Zebra

La cebra

The parrot

El loro

The rabbit

El conejo

The spider
La araña

The dove

La paloma

The frog

La rana

The scorpion

El escorpión

The mouse

El ratón

The cat

El gato

The bee

La abeja

The duck

El pato

The goat

La cabra

The deer

El ciervo

The fish

Los peces

The turtle

La tortuga

The walrus

La morsa

The elephant

El elefante

The Raven

El Cuervo

The horse

El caballo

The shark

El tiburón

The pink flamingo

El flamenco rosa

The Jaguar

El Jaguar

The whale

La ballena

The seagull

La gaviota

The eagle

El águila

The panda

El panda

The rhinoceros

El rinoceronte

The owl
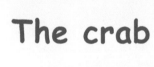
El búho

The crab

El cangrejo

The rooster

El gallo

The octopus

El pulpo

The fly

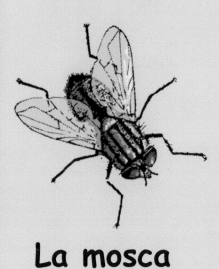

La mosca

The kangaroo

El canguro

The hamster

El hámster

The raccoon

El mapache

The ladybug

La mariquita

The dinosaur

El dinosaurio

The camel

El camello

The bat

El murciélago

The gazelle

La gacela

The giraffe

La jirafa

The snake

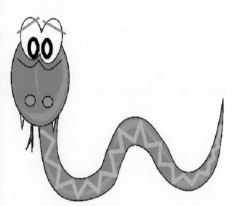

La serpiente

The gorilla

El gorila

The dodo

El dodo

The tigre

El tigre

The turkey

El pavo

The chameleon

El camaleón

The dragonfly

La libélula

The stork

La cigüeña

The red-robin

El rojo-robin

The starfish

La estrella de mar

The crocodile

El cocodrilo

The seal

La foca

The dolphin

El delfín

The sea turtle

La tortuga marina

The chimpanzee

El chimpancé

The lion

El león

The lion cub

El cachorro de león

The sloth

El perezoso

The bull

El toro

The puma

El puma

The bear

El oso

The toucan

El tucán

The hippopotamus

El hipopótamo

The beaver

El castor

The polar bear

El oso polar

The goldfish

El pez dorado

The hoopoe

La abubilla

The Lama

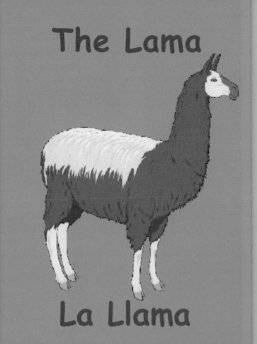

La Llama

The bird

El pájaro

The koala

El koala

The penguin

El pingüino

The mongoose

La mangosta

The ant

La hormiga

The anteater

El oso hormiguero

The wolf

El lobo

The grasshopper

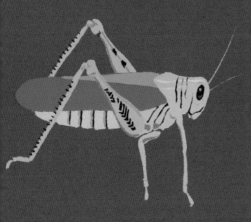

El saltamontes

The monkey

El mono

The goose

El ganso

The donkey

El burroc

The peacock

El pavo real

The lamb

El cordero

The chick

El pollito

The snail

El caracol

The armadillo

El armadillo

The pelican

El pelícano

The pig

El cerdo

The earthworm

La lombriz

The squirrel

La ardilla

The hedgehog

El erizo

The fox

El zorro

The hippocampus

El hipocampo

The puppy

El cachorro

Swordfish

Pez espada

The sea urchin

El erizo de mar

The puffin

El frailecillo

The mosquito

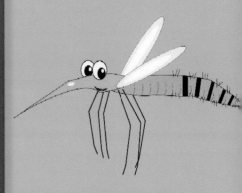

El mosquito

THE FARM

LA GRANJA

Contact:what2000az@gmail.com

Printed in Great Britain
by Amazon